Julius de Goede · Schrift

Julius de Goede

Schrift

Die schönsten kalligraphischen Alphabete

AUGUSTUS VERLAG AUGSBURG

CIP-Titelaufnahme der Deutschen Bibliothek
Goede, Julius de:
Schrift: die schönsten kalligraphischen Alphabete / Julius de Goede. — 1.
Nachdr. — Augsburg: Augustus-Verl., 1990
ISBN 3-8043-2685-4

AUGUSTUS VERLAG AUGSBURG 1990

Gesamtherstellung: Appl, Wemding

ISBN 3-8043-2685-4

Vorwort

In unserer Zeit, in der die alte Kunst des Schönschreibens erneut auflebt und erblüht, erscheinen unzählige Bücher, die das Erlernen der *Kalligraphie* zum Thema haben. Für viele Menschen sind diese Bücher eine sehr nützliche Anleitung und Unterstützung, die Kunst des Schönschreibens zu erlernen, aber auch die Anwendungsmöglichkeiten der Kalligraphie kennenzulernen.

In den meisten Fällen beschränkt sich allerdings der Inhalt dieser Bücher auf eine grobe Anleitung für den richtigen Gebrauch der Arbeitsmittel, wobei wenig Aufmerksamkeit der Gesamtformgebung der Buchstaben und dem eigentlichen Schriftmaterial geschenkt wird: den verschiedenen Alphabeten, die sich sehr voneinander unterscheiden können.

Die Wahl der Schriftart wird meistens nur sehr oberflächlich behandelt, man beschränkt sich auf Abbildungen mit einigen Vorbildern aus der Schriftgeschichte bzw. auf gelungene Vorbilder aus dem Werk heutiger Meister der Kalligraphie.

Das Buch *Schrift – Die schönsten Kalligraphischen Alphabete* möchte jedem, der sich für Buchstaben und Schrift interessiert, verschiedene alte und weniger alte Schriftarten vorstellen, so daß jeder Kalligraph Alphabete nach eigenem Geschmack auswählen kann.

Alle Alphabete dieses Buches sind nach historischen Vorbildern neu geschrieben. Buchstaben, die in alten Manuskripten fehlen oder die es noch nicht gab, sind in der gleichen Art – unter Berücksichtigung des Schriftcharakters – hinzugefügt. Bei einigen Buchstaben sind aus Gründen besserer Lesbarkeit kleine Veränderungen angebracht worden.

Diese Alphabete sind alle mit der Breitfeder ohne übertriebene Affektiertheit, ohne zeichnende Formveränderung und – hoffentlich – ohne allzu persönliche, modische Interpretation geschrieben. Für jeden, der einige Fähigkeiten in der Benutzung der Breitfeder erworben hat, sollte es möglich sein, die Buchstaben auf dieselbe Art und Weise zu schreiben.

Inhalt

Einleitung

Das Uralphabet: Die Geschichtsschreibung beginnt mit der Einführung von Buchstaben, von Zeichen, die sich im Laufe der Zeit unzählige Male veränderten, bis sie die Form annahmen, in der wir sie heute kennen. Anfänglich veränderten diese Zeichen neben ihrer Form auch ihre Bedeutung.

Im allgemeinen ist anzunehmen, daß die Phönizier für die erste Version unseres Alphabetes verantwortlich sind. Sie bewohnten die Ostküsten des Mittelmeeres und fuhren mit ihren Schiffen nach Ägypten, Griechenland, Italien, Nordafrika und Spanien, wo sie Handelsmissionen und Kolonien bildeten. Da man die phönizischen Schriftsymbole in Westeuropa (auf den Britischen Inseln) und in Südamerika (in Brasilien) gefunden hat, kann man davon ausgehen, daß es bereits prähistorische Kontakte mit anderen Kontinenten gab.

Die Phönizier verwendeten Schriftzeichen, die einerseits an jüdische, andererseits an ägyptische erinnern und deren Namen A – von *aleph* (Stier), B – von *beth* (das Lager) und C – von *gimel* (Kamel) kamen.

Die griechischen Handelspartner erkannten den vielfältigen Nutzen dieses Schriftsystems und übernahmen es. Allerdings vergingen bis zu diesem Zeitpunkt weitere dreitausend Jahre. Die griechischen Namen für die ersten zwei Buchstaben wurden nunmehr *alpha* für A und *beta* für B, wodurch die gesamte Reihe den Namen *Alphabet* erhielt, welches mit unserer Namensgebung „ABC“ vergleichbar ist. Im Ausdruck „Das ist Abracadabra für ihn“ (= „er versteht kein Iota davon“ – Iota ist ein griechischer Buchstabe) ist auch das ABC enthalten: es kommt vom lateinischen *abecadarium,* dem ersten lateinischen Rechtschreibungsbuch.

Das Alphabet: Die Geschichte unserer westlichen Schrift, der Schreibart, die momentan auf der Erde am meisten verbreitet ist, beginnt in der Hochzeit des Römischen Kaiserreiches, ungefähr zu Beginn unserer Zeitrechnung. Die Grundform unseres Alphabetes hat sich seit der Übernahme und Vervollständigung der griechischen und phönizischen Zeichen durch die Römer nicht verändert.

Seit nunmehr zweitausend Jahren besteht dieses geniale System einer relativ kleinen Anzahl einfacher geometrischer Zeichen, die jedes für sich einen Laut bilden.

Die Kombination dieser Lautzeichen bildet ein Wort, so daß ein geschriebener Text für jeden Menschen lesbar ist, der die Regeln, auf denen dieses System beruht, kennt. Wer dazu noch die Sprache kennt, in der der Text geschrieben ist, kann ihn auch noch verstehen. So kommt es, daß die Inschriften der Steine monumentaler römischer Ruinen für jeden lesbar, nicht aber für jeden verstehbar sind, da vielen Menschen die klassische Bildung fehlt.

Abbildung 1. Die älteste Form unserer Schrift besteht aus Zeichnungen von zum Beispiel einem Stierkopf, aus dem das A, ein paar Zelten, aus denen das B und dem Höcker des Kamels, aus dem das C entstand.

Die Buchstaben römischer Inschriften – der *Capitalis quadrata* – sind die ältesten Vorbilder unserer heutigen Schriftzeichen, die noch erhalten sind. Sie wurden mit einem Hammer und einem Meisel in den Stein geschlagen und konnten somit dem Zahn der Zeit trotzen. Die Schrift dieser Zeit, die auf anderen, vergänglicheren Materialien geschrieben wurde, ist uns leider nicht mehr erhalten geblieben. Nur aus den letzten Tagen des großen Römischen Reiches sind uns noch Vorbilder auf Papyrus und Pergament erhalten geblieben.

Einleitung

Abbildung 2. Die Buchstaben aus der Blütezeit des Römischen Reiches, die in Stein geschlagen wurden, sind Vorbilder für alle späteren Buchstabenformen.

Die römischen Kapitalbuchstaben haben eine ewige Schönheit, die immer wieder nachgeahmt wurde – sie werden heute noch als Großbuchstaben verwendet – auch wurden sie variiert, niemals aber verbessert. Die Steinmetze waren ohne Zweifel kompetente Fachleute, die Buchstabenformen aber, die sie in den Stein schlugen, entsprangen nicht ihren Ideen. Sie wurden durch spezialisierte Schriftzeichner mit Farbe und Pinsel auf den Stein gezeichnet, bevor sie genau ausgemeißelt wurden.

Neben diesen monumentalen Kapitalbuchstaben verwendeten die Römer noch eine andere Schriftart, die sehr eng mit der Capitalis quadrata verwandt ist: die *Capitalis rustica*. Diese Großbuchstaben sind wesentlich schmaler und geschwungener in ihrer Konstruktion. Die Geschwungenheit ist wahrscheinlich eine Folge der Schreibmaterialien. Sie wurden für Schilder und Graffiti (Wandbemalungen) mit einem Pinsel und auf Papyrus mit der Breitfeder geschrieben. Diese Federn wurden im Beginn aus einem Stück Schilfrohr, später aus dem Kiel einer Gänsefeder geschnitten.

In den letzten Jahren des Römischen Reiches, im vierten und fünften Jahrhundert unserer Zeitrechnung – als sich das Christentum ausbreitete – entstand aus diesen zwei Schriftarten eine neue, die zumeist für religiöse Bücher verwendet wurde: *die Unziale*. Die Unzialbuchstaben sind auch noch Großbuchstaben, haben allerdings keine eckige Form, wie die Capitalis quadrata, auch keine schmale Form, wie die Capitalis rustica, sondern sind breit und rund. Einige dieser Buchstaben haben geschwungene Teile, die über die Versalhöhe früherer Buchstaben hinausragen. Diese An- und Abstriche bilden den Anfang der Entwicklung vom Großbuchstaben zum Kleinbuchstaben, von Majuskel zu Minuskel, die erst im 9. Jahrhundert n. Chr. abgeschlossen ist.

Diese drei römischen Schriften haben formellen Charakter. Sie wurden sorgfältig nach den Regeln der Kunst geschrieben und ihre Verwendung war wahrscheinlich ebenso formell: die Capitalis quadrata wurde hauptsächlich für politische und literarische Texte, die Capitalis rustica für Reklame- und später auch für literarische Texte und die Unziale für (christlich-)religiöse Texte verwendet.

Neben diesen formellen Schriften benutzten die Römer eine Schrift für den Normalgebrauch, die im Handel und in häuslichen Notizen Verwendung fand. Diese *römische Kursivschrift* (kursiv von *currere* – laufen) ist mit unserer heutigen Kurrentschrift vergleichbar. Sie bestand anfänglich noch aus Großbuchstaben, die sich im Laufe der Zeit „abnutzten“ und verformten sowie lange Ausschwünge und Verbindungen bildeten. In dieser Hinsicht ist die römische Kursivschrift eine informelle Schrift. Allmählich veränderten sich die Großbuchstaben dermaßen, daß man von einem Übergang zur Minuskelschrift, der Kleinbuchstabenschrift, sprechen kann. Die römischen Schriftarten wurden in allen Ländern, die von Rom unterworfen waren, verwendet und nach dem Untergang des Römischen Reiches beibehalten. Nachdem das Römische Reich keine zentrale Regierung mehr hatte, somit auch keine zentrale Regelung der Schrift möglich war, entwickelten sich in verschiedenen Gegenden Schriftarten, die sich voneinander zum Teil sehr unterschieden.

Die Verbreitung des Christentums hatte zur Folge, daß die Missionare, die aus Rom entsandt wurden, religiöse

Bücher benötigten, die zum größten Teil in Unzialschrift geschrieben waren. In den Klöstern und Missionsstationen im Ausland wurden diese dann kopiert, um die große Nachfrage zu befriedigen. Diese Kopien wurden wiederum kopiert. Jeder Schreiber, der Bücher kopierte, veränderte die eigentliche Form des Buches und der Schrift etwas und paßte sie regionalen Gepflogenheiten an. Auch der alltägliche Gebrauch der Kursivschrift hatte Einfluß auf die Veränderung des Schriftbildes.

Auch die Schrift in Rom selbst veränderte sich im Laufe der Zeit, so daß sie in den Jahren 400 bis 800 n. Chr. in den verschiedensten Formen auftritt, den *Halbunzialen.*

Durch den Einfluß von St. Patrick († 461) wurde Irland sehr früh christianisiert und bildete ein religiöses und kulturelles Zentrum. Hier entstand die irische Halbunzialschrift, die vor allem für die Gebetbücher der Missionare, die nach England zogen, Verwendung fand. In England entstand in Anlehnung daran die angelsächsische Halbunziale. In Spanien, Frankreich und Italien ging die Schriftentwicklung ihre eigenen Wege; hier entstanden westgotische, merowingische und beneventanische Schriftarten, von denen die meisten für uns nur sehr schwer zu entziffern sind und daher von den Kalligraphen unserer Tage nicht benutzt werden.

Die Halbunzialen erhielten ihren Namen durch die Tatsache, daß sie in der Schriftgeschichte zwischen den Unzialen – einer Majuskelschrift – und den späteren Minuskelschriften stehen. Zur Hälfte werden sie noch aus Unzialformen gebildet, zur anderen Hälfte zeigen sie bereits die typischen Formen der Kleinbuchstaben: Die Ausschwünge und Hälse verlangen zum Schreiben vier anstelle von zwei Hilfslinien.

Die Scriptorien der Klöster waren in der Zeit vor 800 n. Chr. wahrscheinlich die einzigen Orte, an denen in aller Ruhe geschrieben werden konnte. Außerhalb der Klöster war die Zeit gekennzeichnet durch Völkerwanderungen, Streitigkeiten, die zu schlichten waren, oder auch große Kriege. In dieser Zeit herrschte Karl der Große als König der Franken, ein sehr ehrgeiziger Mensch, dessen Plan es war, ein Reich den Römern gleich zu erobern und darüber als Kaiser zu herrschen. Dieser Plan wurde Wirklichkeit und Karl gelang es, sein Reich politisch zu einigen. Außerdem versuchte er das kulturelle Erbe der Klassiker zu sichern und zu erhalten. Für beide Ziele benötigte er die Hilfe der „Schriftgelehrten" die er im Klerus fand. Er beauftragte die Kirche zur Ausbildung von Schreibern, die er zur Verwaltung seines Reiches dringend benötigte.

In den kaiserlichen Hof- und Klosterschulen strebte man die Einheit einer Schrift an, da die Schriftformen, die in den verschiedenen Teilen des Reiches benutzt wurden, sehr unterschiedlich waren. Die Einheitsschrift, die sich unter Karl dem Großen entwickelte, nennt man die *karolingische Minuskel.*

Der Name karolingische Minuskel ist ein Sammelbegriff für verschiedene Schriftarten, die nach dem 8. Jahrhundert entstanden; Schriftarten, die zum erstenmal in der Geschichte aus Kleinbuchstaben bestanden. Neben diesen Minuskeln verwendete man Großbuchstaben für Überschriften und Textköpfe; und die Quadrata, Rustika und Unziale erhielten einen Sammelbegriff: Kapitalbuchstaben (von *caput* – lat. für Haupt, Kopf).

Die deutliche Minuskelschrift, die leicht und ziemlich schnell geschrieben werden konnte, verbreitete sich bald im ganzen Fränkischen Reich aber auch außerhalb,

Abbildung 3. Auf diese Art veränderten sich die Großbuchstaben im Lauf der Zeit in Kleinbuchstaben.

so in Italien und England, verdrängte sie die Regionalschriften.

In den nachfolgenden Jahrhunderten wurden die Formen der karolingischen Minuskel allmählich immer schmaler. Vielleicht wollten die Schreiber Platz sparen, um das kostbare Pergament so gut als möglich auszunutzen, vielleicht geschah dies aber auch unter dem Einfluß eines neuen modischen Baustils: der Gotik. Im 12. Jahrhundert waren, wieder in Frankreich, die runden offenen Formen der Buchstaben so schmal geworden, daß die Bögen auseinanderbrachen und eine eckige Schrift entstand. Die Ausschwünge der Buchstaben wurden sehr klein, um damit den Zeilenabstand zu verringern.

Abbildung 4. Unter dem Einfluß der Gotik wurden die Buchstaben immer schmaler, bis sie vollständig zerbrachen.

Im 13. Jahrhundert wurde im allgemeinen die *Textura* in den Klöstern zum Schreiben von religiösen Büchern verwendet. Der Akzent in der Schreibweise dieser Buchstaben liegt auf der vertikalen Richtung, auf den schweren senkrechten Strichen: Alle Bögen sind hier gebrochen. Im täglichen Gebrauch verwendete man ebenfalls diese schweren, fetten Buchstaben. Allerdings zeigen sie hier, wegen der nötigen Schreibgeschwindigkeit, mehr Bögen als gebrochene Linien. Bei diesen Schriftarten spricht man von den gotischen Bastardschriften – *Bastardas* – oder auch gotischen Kursivschriften.

Für die Großbuchstaben bei den gotischen Minuskeln verwendete man Unzialbuchstaben, die bei der Textura sehr ausführlich verziert sein können. Diese Verzierungen werden aus doppelten Linien, Rauten und dünnen Strichen gebildet. Unter dem Einfluß der Renaissance und des Barock verzierte man die Großbuchstaben der Fraktur und der Schwabacher mit wesentlich komplizierteren Figuren und Ausschwüngen.

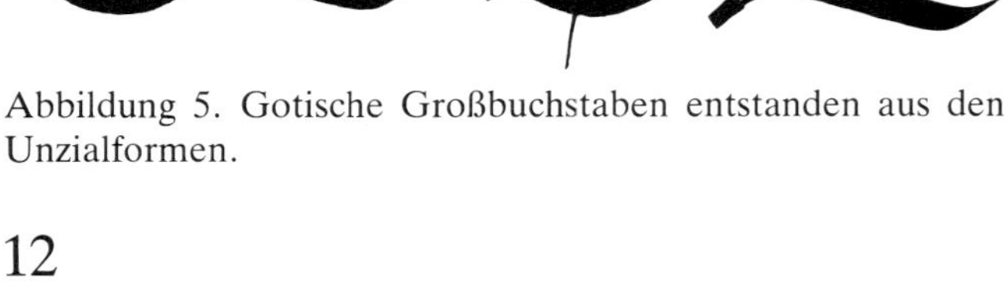

Abbildung 5. Gotische Großbuchstaben entstanden aus den Unzialformen.

In den Ländern des Südens hatte der gotische Baustil wenig Einfluß auf die Schriftentwicklung. Die Schrift, die im Prinzip deutlich aus der karolingischen Minuskel entstanden war, wurde etwas dicker geschrieben, aber die Buchstaben blieben offen und rund. Ab und zu wurden Bögen etwas eckiger, zu echten Brüchen in der Bogenform kam es allerdings nicht. In Spanien und Italien wurde diese *Rotunda,* oder auch rundgotische Schrift genannt, sehr lange als offizielle Schrift für religiöse Bücher und für die Schriftstücke der päpstlichen Kanzlei verwendet.

Neben dieser Schrift entstand unter dem Einfluß des Humanismus in Italien eine völlig neue Schreibweise. Diese geistige Strömung entstand im 14. Jahrhundert und beschäftigte sich mit dem Studium der antiken Schriftsteller und ihrer Philosophie. Der Humanismus legte den Grundstein zur Entwicklung der Renaissance-

Abbildung 6. Unsere westliche Schrift kennt drei Hauptgruppen, die sich in einzelnen Buchstaben deutlich voneinander unterscheiden. Alle Schriftarten gehören zu einer dieser Gruppen oder bilden eine Übergangsform zwischen zwei Hauptgruppen.

kultur. Die gelesene Literatur bestand zum größten Teil aus Büchern, die während der karolingischen „Renaissance" geschrieben waren. Diese Bücher wurden von den Humanisten kopiert, die die Schrift wegen ihrer Deutlichkeit und guten Lesbarkeit sehr schätzten. Die karolingische Minuskel wurde etwas verändert und man spricht nunmehr von der *humanistischen Minuskel.*

Bei dieser Kleinbuchstabenschrift wurden ausschließlich römische Kapitalbuchstaben als Großbuchstaben verwendet, so daß ein Alphabet erst vollständig war, wenn es aus Groß- und Kleinbuchstaben bestand. Außerdem wurden Satzzeichen entwickelt und die Benutzung von arabischen Ziffern galt nunmehr als normal.

Die formelle humanistische Minuskel wurde auch auf informelle Art etwas schneller und geschmeidiger geschrieben; in einer Bewegung, ohne die Feder vom Papier zu heben. Diese „laufende" Schreibart ließ die *humanistische Kursivschrift* entstehen.

Am Ende des Mittelalters – um 1500 – begann die große Zeit der humanistischen Schrift, die durch die Erfindung der Buchdruckkunst unterstützt wurde. Für die Drucker waren die geschriebenen Buchstaben Vorbilder ihrer Drucklettern, so daß ein Druckletteralphabet aus einem Satz kursiver Groß- und Kleinbuchstaben besteht. Neben diesen Buchstaben gehören natürlich noch Ziffern und Satzzeichen dazu.

Die Beispiele in diesem Buch sind einerseits genaue Kopien einzelner Alphabete der Schriftgeschichte, wie man sie noch heute in zahlreichen alten Manuskripten in unseren Bibliotheken finden kann. Andererseits sind sie inspiriert durch die Schreibkunst der großen Kalligraphen unserer Tage, die wie Edward Johnston, Hermann Zapf, Alfred Fairbank, Jan Tschichold und anderen ihre eigenen Interpretationen fanden.

Die hier abgebildeten Alphabete sind nach der schrifthistorischen Entwicklung geordnet, so daß die Höhepunkte der Schriftgeschichte leicht nachvollziehbar sind.

Auf das richtige Größenverhältnis zwischen Groß- und Kleinbuchstaben einer Schrift wurde im Sinne der Platzausnutzung nicht sehr viel Nachdruck gelegt: In einigen Fällen sind die Majuskeln in der Kombination mit Minuskeln zu klein, was allerdings für einen schriftkundigen Benutzer dieses Buches kein Problem darstellen sollte.

Da uns von allen Schriftarten die verschiedensten Varianten bekannt sind, werden in diesem Buch bei einigen Minuskelalphabeten verschiedene Majuskelalphabete abgebildet, die alle mit den Kleinbuchstaben kombinierbar sind.

Die Alphabete

Capitalis quadrata

A B C

D E F G

H I J K

L M N

OPQ

RST

UVW

XYZ

Capitalis rustica

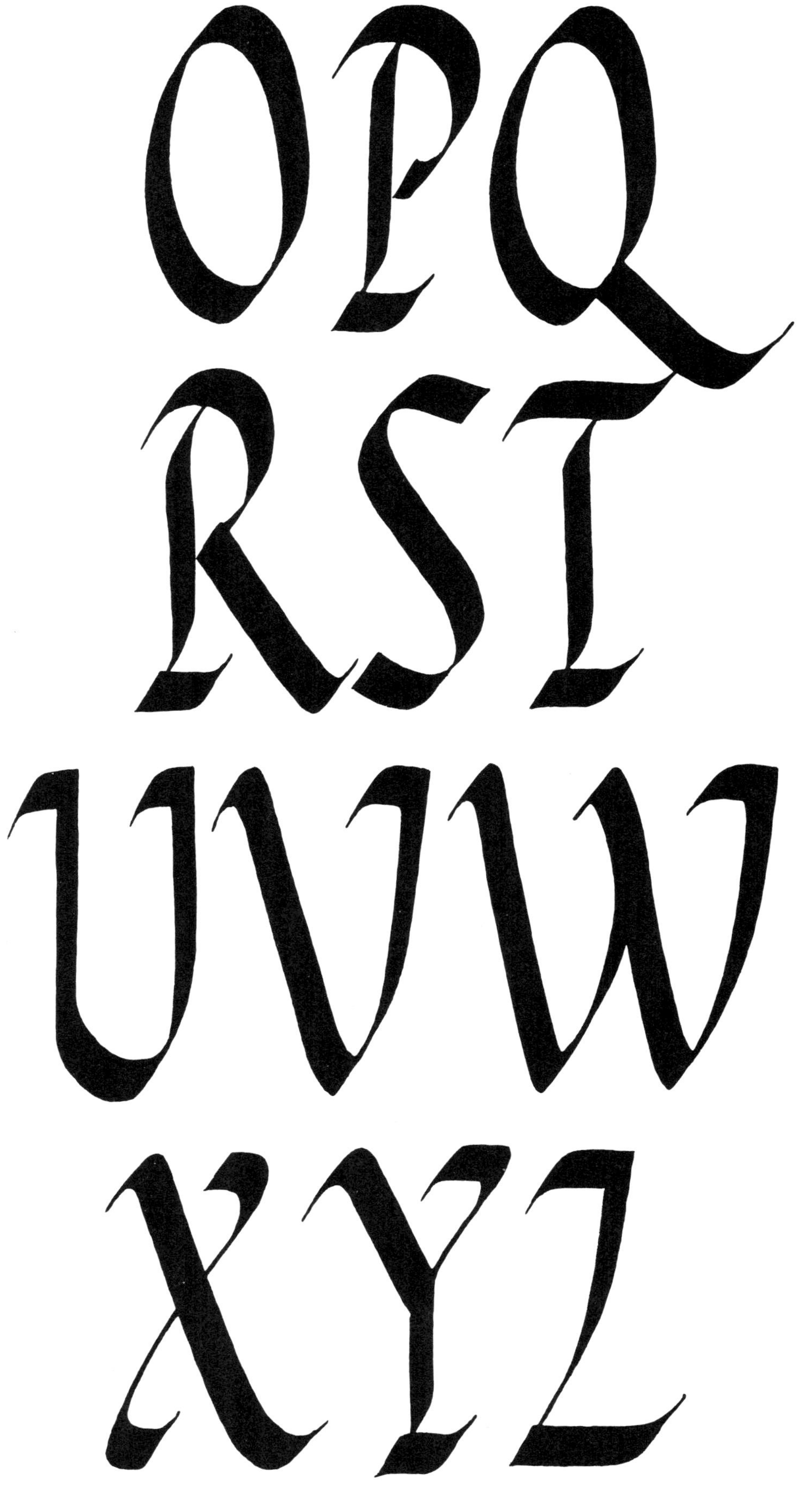
OPQ
RST
UVW
XYZ

Rustika

OPQ

RST

UVW

XYZ

Unziale

OPQ

RST

UWV

XYZ

Unziale

OPQ
RST
UVW
XYZ

Römische Halbunziale

opq
rst
uvw
xyz

Irische Halbunziale

opq
rst
uvw
xyz

abc
defg
hijk
lmn

opg
rst
uvw
xyz

Angelsächsische Halbunziale

abcde

klmn

stuv

fghij
opqr
wxyz

Angelsächsische Halbunziale

fghij
opqr
wxyz

Karolingische Minuskel

abcde

klmn

ſßtuv

fghij
opqrs
wxyz

ABC
DEFG
HIJK
LMN

OPQ
RST
UVW
XYZ

Karolingische Minuskel

abcde

lmn

ſßtuv

fghijk
opqrs
wxyz

Karolingische Majuskel

OPQ
RST
UVW
XYZ

abcde

lmn

ſßtuv

fghijk
opqrs
wxyz

Karolingische Majuskel

opq
RST
UVW
XYZ

abcde

klmn

ſßtuv

fghij

opqrs

wxyz

Frühgotische Majuskel

OPQ
RST
UVW
XYZ

abcde
klmn
ſßtuv

fghij
opqrs
wxyz

Frühgotische Majuskel

Frühgotische Majuskel

O P Q
R S T
U V W
X Y Z

Textura Minuskel

efgh
mno
sſkt
xyz

Textura Majuskel

OPQ
RST
UVW
XYZ

Textura Majuskel

Schmale Textura Minuskel

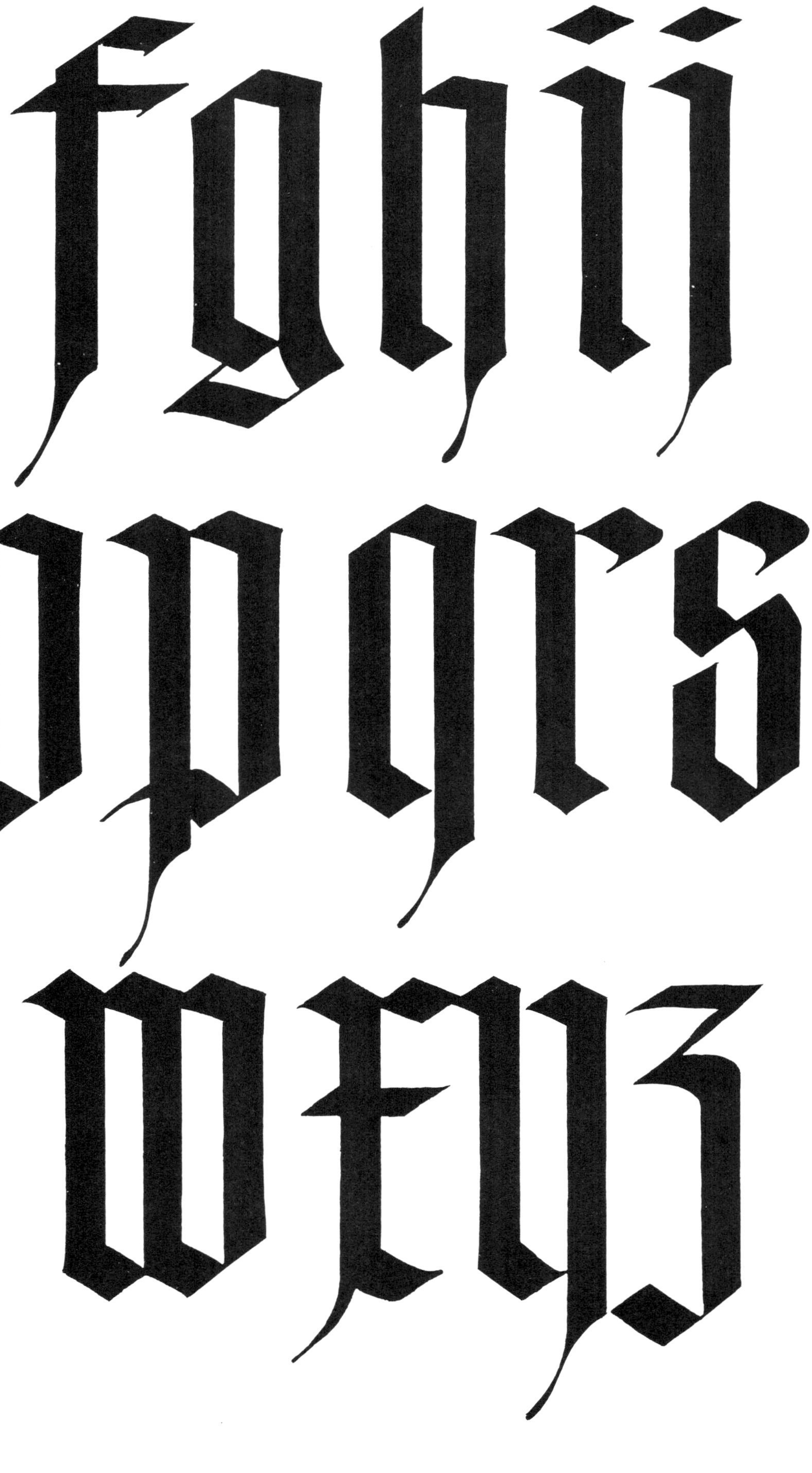
fghij
opqrs
wxyz

Moderne Textura Majuskel

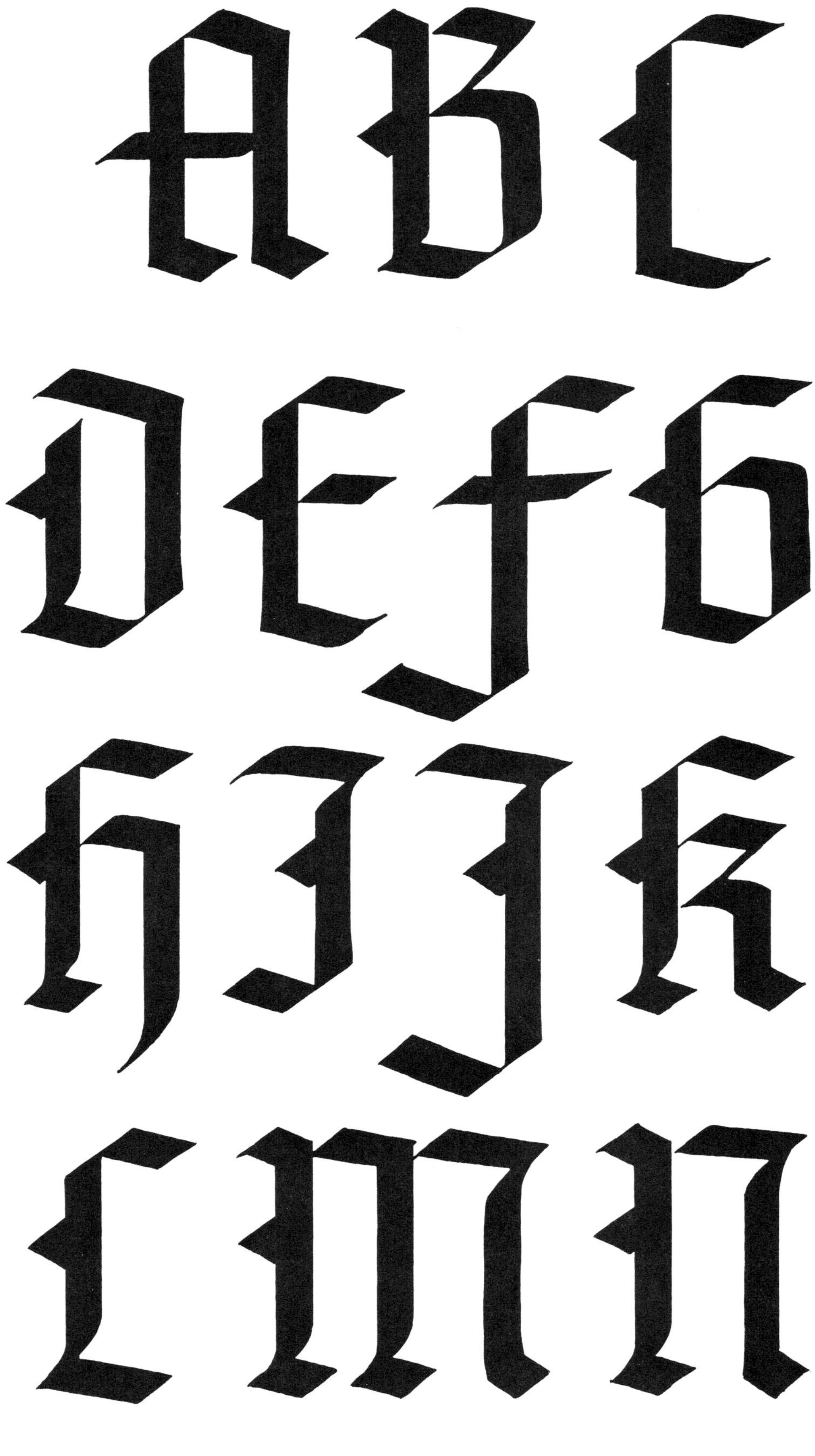

Moderne Textura Majuskel

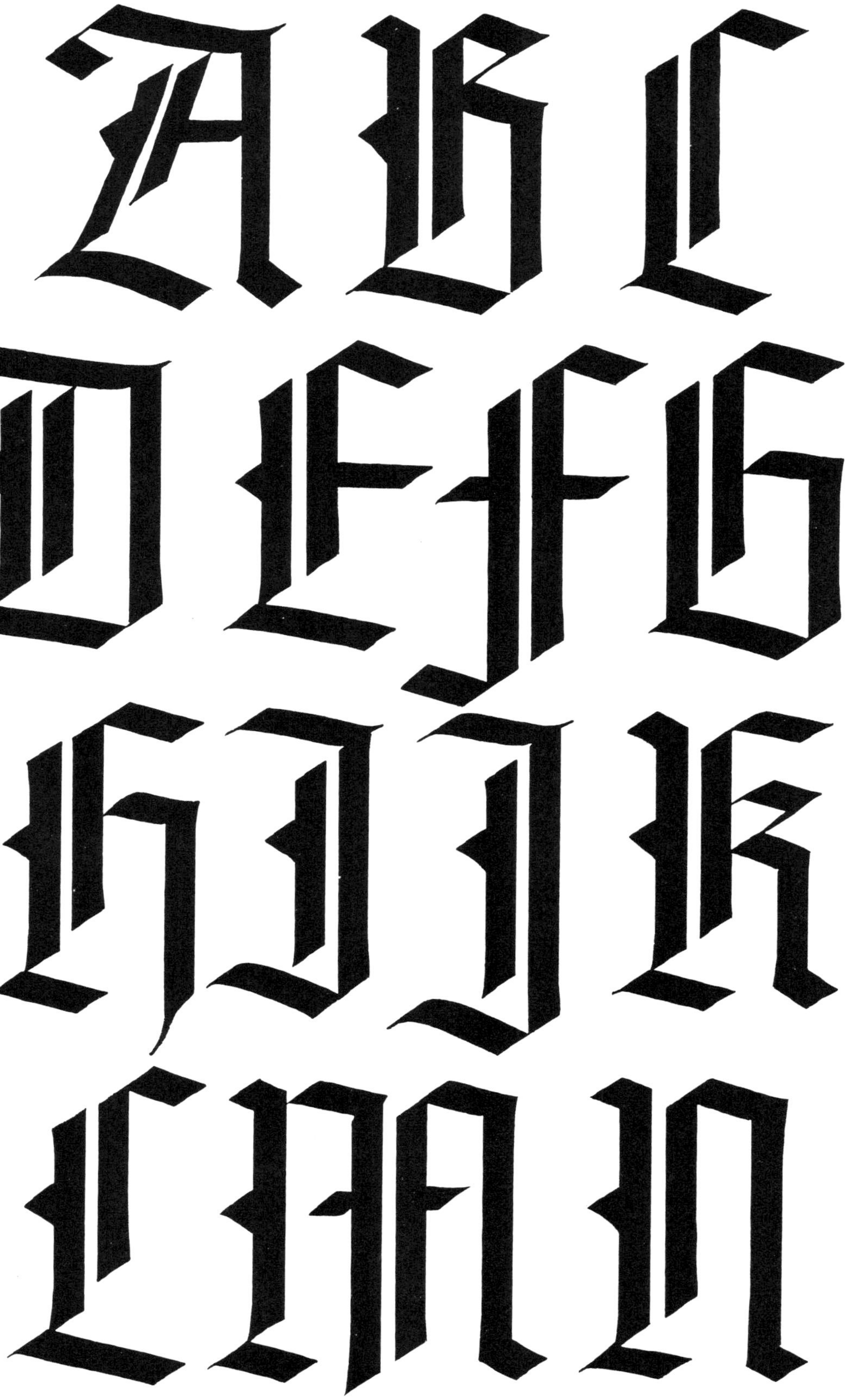

O P Q
R S T
U V W
X Y Z

Gotische Kursivminuskel

fghij
opqrs
wxyz

Gotische Kursivmajuskel

O P Q
R S T
U V W
X Y Z

Frakturminuskel

abcde

klmn

ſßtuv

fghij
opqrs
wxyz

Frakturmajuskel

Frakturmajuskel

abcde
klmn
ſßtuv

fghij
opqrs
wxyz

Frakturmajuskel

abcde
klmn
ſßtuv

ABC
DEFG
HIJK
LMN

OPQ
RST
UVW
XYZ

Schwabacher Minuskel

fghij
opqrs
wxyz

Schwabacher Majuskel

OPQ
RST
UVW
XYZ

Rotunda Minuskel

defg
lmn
rsſßt
xyz

Rotunda Majuskel

OPQ
RST
UVW
XYZ

abcde

klmn

sſtuv

fghij
opqr
wxyz

Rotunda Majuskel

Humanistische Minuskel

def
klm
qrst
xyz

ABC
DEFG
HIJKL
MN

OPQ
RST
UVW
XYZ

abc
ghij
nop
uvw

def
klm
qrst
xyz

Humanistische Majuskel

OPQ

RST

UVW

XYZ

abcde

klmn

stuv

fghij
opqr
wxyz

Humanistische Majuskel

ABC

DEFG

HIJK

LMN

OPQ

RST

UVW

XYZ

abcde
klmn
ſßtuv

fghij

opqr

wxyz

ABC

DEFG

HIJK

LMN

OPQ

RST

UVW

XYZ

abcde
klmn
ſßtuv

fghij
opqrs
wxyz

Humanistische Kursivmajuskel

OPQ
RST
UVW
XYZ

Humanistische Kursivminuskel

abcde

klmn

ſßtuv

fghij
opqrs
wxyz

ABC

DEFG

HIJK

LMN

Humanistische Kursivminuskel

Humanistische Kursivmajuskel

OPQ
RST
UVW
XYZ

abcde
klmn
ſßtuv

fghij
opqrs
wxyz

Humanistische Kursivmajuskel

OPQ
RST
UVW
XYZ

Redonda Minuskel

fghij
opqrs
wxyz

Redonda Majuskel

O P Q
R S T
U V W
X Y Z

12345
67890
§[]().,-!?/:;
12345
67890

1 2 3 4 5

6 7 8 9 0

§ [ ] ( ) . , ; : “ ” ! ?

1 2 3 4 5

6 7 8 9 0

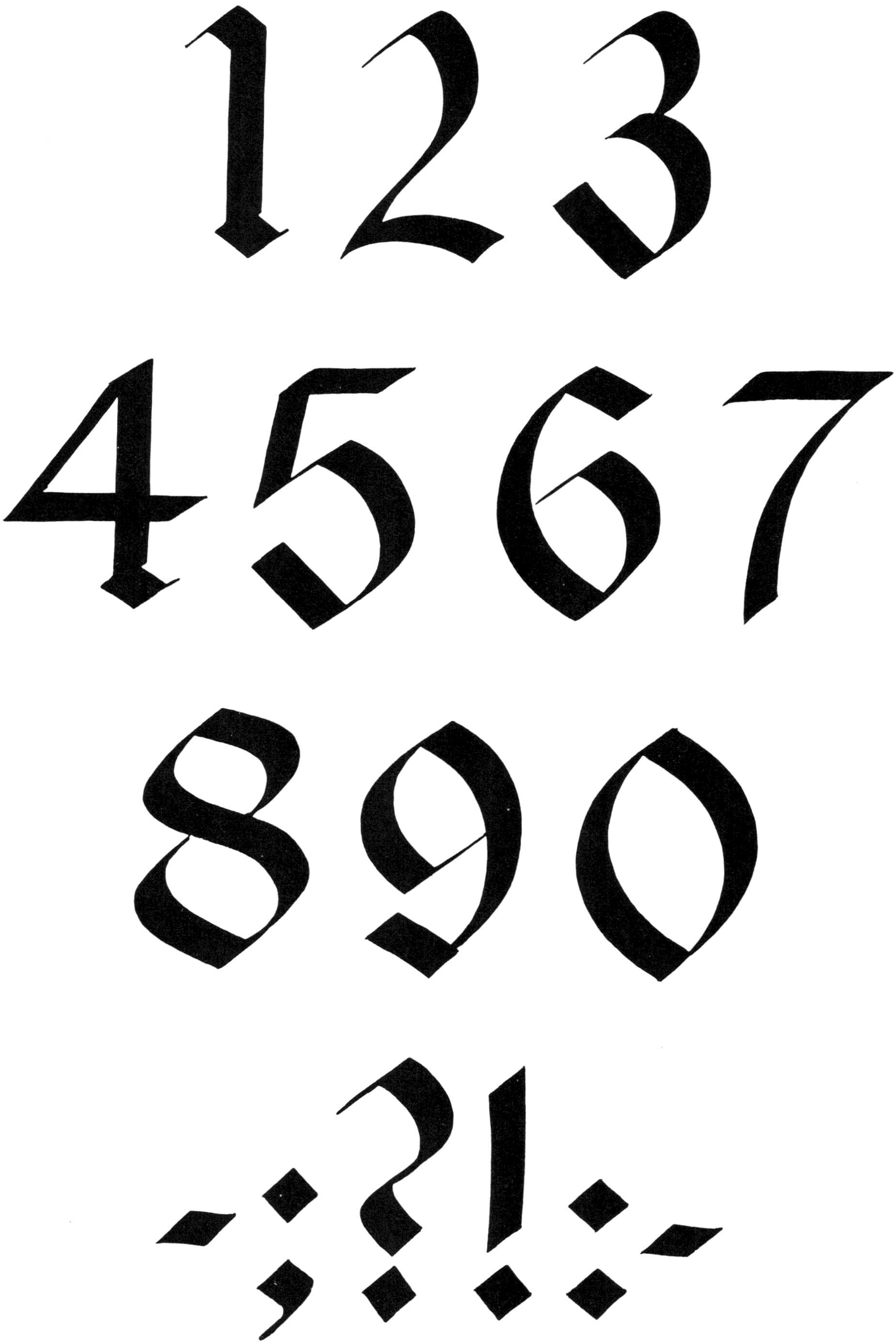
123
4567
890

Legenda

16–17 *Capitalis quadrata:* Diese Schrift stimmt mit den Buchstaben der römischen Inschriften aus dem Beginn unserer Zeitrechnung überein. Die Federhaltung ist ziemlich flach, allerdings wird sie bei einigen Buchstabenteilen verändert.

18–19 *Capitalis rustica:* Die Römer fanden diese Schrift nicht sehr elegant, wie man aus dem Namen erkennen kann (Rustica: bäurisch, ländlich). Die Federhaltung ist ohne Ausnahmen ziemlich schräg. Der Charakter dieser Schrift ist flüssig, man kann sie ziemlich schnell schreiben.

20–21 *Rustica:* Eine moderne Version der alten Rustica.

22–23 *Unziale:* Die römische Unzialschrift setzt sich aus Buchstabenformen zusammen, die einerseits aus der Quadrata, andererseits aus der römischen Kursivschrift entstanden sind.

24–25 *Unziale:* Bei den Unzialen ist die Federhaltung ziemlich flach und wird bei den Füßchen der Buchstaben verändert. Der Name kommt von *Uncia* (Lat. Zoll, eine Maßeinheit).

26–27 *Römische Halbunziale:* Auch diese Schrift wird mit einer ziemlich flachen Federhaltung geschrieben. Sie ist uns aus frühchristlichen Handschriften bekannt.

28–29 *Irische Halbunziale:* Die irische Halbunziale entstand zwischen dem 8. und dem 10. Jahrhundert aus der römischen Halbunziale. Sie wird mit einer ziemlich flachen Federhaltung geschrieben, wodurch die senkrechten Linien eine optimale Dicke erhalten. Die Buchstaben haben eine runde Form.

30–31 *Halbunziale:* Moderne, schrägstehende Version nach Hermann Zapf.

32–33 *Angelsächsische Halbunziale:* Diese Schrift bildet einen deutlichen Übergang zwischen einer Groß- und einer Kleinbuchstabenschrift. Die britischen Missionare brachten diesen Schrifttyp in unsere Breiten mit.

34–35 *Angelsächsische Halbunziale:* Eine schmale und leicht geneigte Version.

36–37 *Karolingische Minuskel:* Die karolingischen Schriften entstanden unter dem Einfluß Kaiser Karls des Großen. Er regierte ein riesiges Reich, in dem es nötig war, mit einheitlichen, deutlichen und einfachen Buchstaben zu schreiben. Im Jahre 789 wurde diese Einheitsschrift für alle Beamten in einem Schriftenerlaß festgelegt.

38–39 *Karolingische Majuskel:* Die karolingischen Schriften entwickelten sich nur sehr langsam. So kann man bei den Großbuchstaben in diesem Beispiel noch deutlich ihren Ursprung in der römischen Capitalis rustica erkennen. Erst nach ungefähr einem Jahrhundert, am Ende des 9. Jahrhunderts, war der Höhepunkt der karolingischen Schrift erreicht.

40–41 *Karolingische Minuskel:* Wegen ihrer flüssigen Form konnte diese Schrift einfach und schnell geschrieben werden. Dies ist die Ursache für die leichte Neigung nach rechts, die nicht unbedingt nötig ist.

42–43 *Karolingische Majuskel:* In der Kombination mit schrägstehenden Minuskeln kann man auch schrägstehende Majuskeln verwenden.

44–45 *Karolingische Minuskel:* In den vier Jahrhunderten der karolingischen Schriften veränderte sich der Charakter der Buchstaben allmählich: Sie wurden fetter und in ihrer Gesamtform schmaler.

46–47 *Karolingische Majuskel.*

48–49 *Frühgotische Minuskel:* Um 1200 folgte – unter dem Einfluß der Kreuzzüge und den Kontakten mit der arabischen Kultur – auf den romanischen Baustil der gotische. Auch die Schrift begann dem gotischen Baustil folgend, einen nach oben strebenden, eckigen Charakter anzunehmen.

50–51 *Frühgotische Majuskel:* Gotische Kapitalbuchstaben bestehen aus Unzialformen. In diesem Beispiel erkennt man deutlich den Beginn der Entwicklung von runden Bögen zu gebrochenen.

52–53 *Frühgotische Minuskel.*

54–55 *Frühgotische Majuskel.* Die Striche zur Verzierung und die dünnen Linien, die mit einer anderen Federhaltung geschrieben werden, kennzeichnen die gotische Schreibweise.

56–57 *Frühgotische Majuskel.*

58–59 *Textura Minuskel.* Diese Schriftart besteht außer einigen Ausschwüngen nur aus geraden Linien, die entstehen, indem man die Federspitze nicht in ihrer ganzen Breite auf das Papier aufsetzt, sondern nur mit einer Seite der beitelförmigen Spitze schreibt.

60–61 *Textura Majuskel.* Diese verschiedenen Beispiele sind problemlos mit allen Textura Minuskelalphabeten kombinierbar.

62–63 *Textura Majuskel.*

64–65 *Schmale Textura Minuskel.* Innerhalb gewisser Grenzen kann man bestimmte Schriftarten schmaler oder auch breiter schreiben, wodurch sich der Charakter, nicht aber die Konstruktion verändert.

66–67 *Moderne Textura Majuskel.*

68–69 *Moderne Textura Majuskel.*

70–71 *Gotische Kursivminuskel.* Diese Schriftarten – es gibt unzählbare Varianten – haben sich aus der karolingischen Minuskel entwickelt, als eine Art informelle Alltagsschrift.

72–73 *Gotische Kursivmajuskel.* Die flüssigere Form entstand aus einer sehr gekonnten Benutzung der Breitfeder, die gedreht oder auch nur mit einer Ecke benutzt wird.

74–75 *Frakturminuskel.* Die Frakturschrift ist eine Mischform aus der Textura und der gotischen Kursivschrift.

76–77 *Frakturmajuskel.* Die Großbuchstaben dieser Schrift erhielten nach ihrer Entstehung am Anfang des 16. Jahrhunderts verschiedene gekräuselte Verzierungen.

78–79 *Frakturmajuskel.*

80–81 *Schräge Frakturminuskel.* Man kann verschiedene Schriftarten schräg schreiben. Dennoch bleibt der Unterschied zwischen Kursivschrift und Antiqua bestehen.

82–83 *Frakturmajuskel.* Senkrechtstehende Großbuchstaben sind mit schrägstehenden Kleinbuchstaben kombinierbar.

84–85 *Frakturminuskel.*

86–87 *Frakturmajuskel.*

88–89 *Schwabacher Minuskel.* Diese Schrift gehört zu den gotischen Kursivschriften. Sie ist, wie auch die Fraktur, als Druckschrift bekannt geworden.

90–91 *Schwabacher Majuskel.*

92–93 *Rotunda Minuskel.* Rundgotisch ist ein anderer Name für diese Schrift, die runde Formen mit gebrochenen Linien verbindet.

94–95 *Rotunda Majuskel.*

96–97 *Rotunda Minuskel.*

98–99 *Rotunda Majuskel.*

100–101 *Humanistische Minuskel.* Diese Renaissanceschrift ist eine Variation der karolingischen Minuskel. Die humanistische Minuskel diente unseren heutigen Druckbuchstaben zum Vorbild: Antiqua.

102–103 *Humanistische Majuskel.* Sie entwickelte sich aus den römischen Kapitalbuchstaben.

104–105 *Humanistische Minuskel.* Variationen in der Linienbehandlung und -dicke verleihen diesen Schriften verschiedene Charaktere.

106–107 *Humanistische Majuskel.*

108–109 *Humanistische Minuskel.*

110–111 *Humanistische Majuskel.*

112–113 *Humanistische Minuskel.*

114–115 *Humanistische Majuskel.*

116–117 *Humanistische Kursivminuskel.* Die informelle Schrift der Humanisten stand für diesen Schrifttyp Modell. Der Charakter der Kursivminuskel ist flüssig, das heißt, daß die Schrift in einer Bewegung geschrieben wird, also ohne die Feder vom Papier abzusetzen.

118–119 *Humanistische Kursivmajuskel.* Als Vorbild dieser Großbuchstaben gelten auch die römischen Kapitalbuchstaben. Durch die Anpassung an die Kursivminuskel ist ihre Form etwas flüssiger.

120–121 *Humanistische Kursivminuskel.* Die Kursivschrift wurde in etwas formalisierter Form die offizielle Schrift der Kanzleien, wie zum Beispiel der des Vatikans. Daher stammt auch der andere Name *Cancellaresca.*

122–123 *Humanistische Kursivmajuskel.*

124–125 *Humanistische Kursivminuskel.* Die schnelle Schreibweise der italienischen Kursivschrift verbreitete sich im 16. und 17. Jahrhundert rasch über die ganze Welt und gilt als der Vorläufer aller späteren Kurrentschriften. Die moderne Variante dieses Schrifttyps heißt darum *Italic.*

126–127 *Humanistische Kursivmajuskel.*

128–129 *Humanistische Kursivminuskel.*

130–131 *Humanistische Kursivmajuskel.*

132–133 *Redonda Minuskel.* Spanische Rundschrift des 18. Jahrhunderts. Rundschriften entstanden aus der Idee, die Schöpfung mathematisch zu erklären: Das Grundmodell dieser Schrift ist mit Zirkel und Lineal konstruiert. In den Formen ist der Einfluß der Rotunda und der italienischen Kursivschriften zu erkennen.

134–135 *Redonda Majuskel.*

136–137 *&- und andere Zeichen.* Ein Überbleibsel aus dem Mittelalter ist die Ligatur der Buchstaben E und T, die das lateinische Wort *et* bilden und wahrscheinlich aus Platzgründen für das Wort „und" Verwendung fand. Dieses Zeichen wird heute noch benutzt um Namen miteinander zu verbinden und erscheint in unzähligen verschiedenen Formen.

Satzzeichen begegnet man in jedem Text. Punkte, Kommata, Frage- und Ausrufungszeichen werden direkt hinter den letzten Buchstaben des Satzes geschrieben. Man kann sie mit einem Buchstaben vergleichen.

138–139 *Ziffern.* Die *arabischen* Ziffern werden erst seit dem Mittelalter benutzt. Daher ist auch ihre Form von den Buchstabenformen sehr verschieden. Man kennt sogenannte ausschwingende Ziffern, bei denen bei gleicher Zifferhöhe Teile an der Ober- oder Unterseite die Zeilenlinie übertreten. Sie können gerade, aber auch schräg stehen. Dies hängt von der Schrift ab, mit der sie kombiniert werden.

140 *Gotische Ziffern.* Diese eckigen gotischen Ziffern können mit allen gotischen Schriften kombiniert werden.